Pierre DUFRESNE

UNE FAMILLE
DE
CULTIVATEURS CHRÉTIENS

SÉEZ
TYPOGRAPHIE F. MONTAUZÉ.

1891

Pierre Dufresne

UNE FAMILLE DE CULTIVATEURS CHRÉTIENS

« Monsieur Pierre Dufresne a passé sa vie dans l'accomplissement parfait de ses devoirs envers Dieu, le prochain et lui-même. — Il a toujours été le « *serviteur prudent et fidèle de l'Evangile que le Seigneur constitua sur sa famille.* » Et je ne crains pas de le proposer aux hommes de son temps et de sa condition comme le modèle et le type du vrai chrétien. » (1).

« Il était une de ces figures patriarchales que l'on rencontre bien rarement dans notre siècle, un de ces hommes pleins de foi que Dieu dans sa bonté accorde à la terre pour être un modèle de vie chrétienne. »

Et pourtant « il ne se recommandait à la considération publique ni par le prestige d'un grand nom, ni par l'éclat d'une illustration militaire ou politique : c'était un *modeste cultivateur*, mais en même temps un de ces hommes, si rares aujourd'hui, dont la vie complètement irréprochable et tout entière consacrée au travail et à la pratique des plus simples mais aussi des plus éminentes vertus, a toujours eu le privilège de conquérir l'estime, le respect et la vénération de tous. M. Dufresne était en effet plus qu'un intelligent et habile cultivateur, c'était un grand et noble cœur ; c'était surtout, et avant tout, un admirable chrétien dans l'acception la plus complète et la plus absolue du mot. » (2).

Pierre Dufresne naquit au mois de mars 1812, à Saires-la-Verrerie, au sein d'une famille de simples « paysans qui, pendant cent cinquante ans, s'étaient, de pères en fils, succédés, comme fermiers, au service d'une noble famille, la famille de Montpinçon, au grand honneur des maîtres et des fermiers. »

Son père, Pierre Dufresne, et sa mère, Marie Onfray, « honnêtes chrétiens, étaient sortis de la persécution religieuse avec une foi plus grande et plus forte. Ils élevèrent leurs enfants comme on savait alors les élever, leur enseignant non seulement à lire, à écrire, à compter, mais surtout à prier, à respecter le prêtre, à aimer le prochain, l'Eglise et Dieu. Une telle éducation, M. Pierre Dufresne l'a donnée lui-même aux nombreux enfants qu'il a reçus de Dieu avec joie, et tous la conservent avec bonheur. »

(1) Lettre de l'abbé Sineux, curé de Montgaroult.
(2) La *Croix de l'Orne* et le *Journal d'Alençon*.

M. Pierre Dufresne avait un frère aîné, nommé Jacques, et une sœur plus jeune que lui, appelée Anne, qui restèrent tous les deux au pays natal.

Les détails nous manquent sur la première partie de la vie de M. Pierre Dufresne. Nous savons seulement que de bonne heure il se montra sérieux.

Il aimait à s'instruire. Les classes du soir (classes pour les adultes) étaient pour lui un heureux passse-temps ; il dévorait les quelques livres que l'on mettait à sa disposition. Aussi M. Fouque, son instituteur, l'aimait-il passionnément ; il était justement fier de son élève qui était l'un des plus instruits de sa commune.

Pierre aimait le calme, le silence, le recueillement et l'étude; aussi lorsqu'il avait pu réaliser quelques économies, les employait-il à acheter des livres sérieux et instructifs.

Un jour son père le surprit lisant avec avidité un vocabulaire nouvellement acheté ; ne trouvant pas bon que Pierre se permît de faire des dépenses aussi considérables, il crut devoir lui en faire des reproches.

En fils respectueux, Pierre accepta la réprimande, s'inclina devant son père, et depuis n'acheta plus aucun livre sans en avoir auparavant obtenu la permission.

Bientôt ses goûts se portèrent vers la culture de la terre ; Jacques, son frère, d'un caractère ardent, voulait élever des chevaux ; Pierre, plus positif, préférait des bœufs : chacun put suivre ses goûts sans que la paix fût troublée.

Cependant Pierre songea à se choisir une compagne. Il la voulait pieuse, dévouée, aimant le travail, simple et modeste. Il la trouva au sein d'une nombreuse famille où elle avait puisé tous les principes de piété, d'ordre et d'économie nécessaires pour soutenir Pierre et l'aider dans les luttes de la vie. C'était la femme forte de l'Ecriture Sainte. Elle se nommait Félicité Denis.

Pendant les quatorze premières années de leur mariage, Pierre et Félicité, son épouse, habitèrent la maison commune de leurs parents avec beaux-frères et belles-sœurs. L'accord n'en fut jamais troublé : la piété est l'aliment de l'amour, et l'amour, comme le dit l'Apôtre, est patient, doux, sans envie, sans caprice ni humeur, sans orgueil, sans ambition, sans aigreur.

Aussi Félicité disait : « Jamais, jamais, nous n'avons eu le moindre différend. « J'aimais mon beau-père autant que mon père. Et tous nous étions également aimés de lui, comme si nous eussions été ses vrais enfants. Notre demeure commune était un lieu de délices : c'était le bonheur, c'était un paradis terrestre. »

La naissance de nombreux enfants attesta bientôt que cette union, si bien assortie, avait reçu la bénédiction de Dieu. Aussi, avec quels soins Pierre Dufresne et Félicité Denis s'efforçaient-ils de développer dans les jeunes cœurs l'amour de Dieu qui les inspirait eux-mêmes, et de les exciter non seulement par leurs leçons, mais plus encore par leurs pieux exemples, à la pratique de toutes les vertus chrétiennes.

Mais ils devaient sortir de leur pays pour aller porter ailleurs le parfum de ces vertus.

La famille dont ils étaient les fermiers ayant été contrainte de vendre sa propriété, ils durent eux-mêmes songer à chercher ailleurs une ferme à exploiter.

Ce fut en 1850, que Pierre Dufresne quitta son père et la commune de Saires-la-Verrerie pour se fixer dans la commune de Montgaroult.

En venant s'établir comme simple fermier jusque dans la plaine d'Ecouché, il dut résister aux pressantes sollicitations de son père qui, craignant pour son âme, voulait le retenir près de lui. — « Pourquoi, Pierre, lui disait-il, pourquoi veux-tu aller si loin ? Là-bas tu perdras ta foi et celle de tes enfants. Il paraît qu'on travaille le dimanche, qu'on mange de la viande les jours défendus. Ah ! reste, reste là, mon Pierre, ou bien je n'irai point te voir. » En effet, dix-huit mois se passèrent sans que le bon vieillard voulût aller voir son fils dans sa nouvelle position.

Mais Pierre comptait sur le secours de Dieu. D'un autre côté, il voulait se créer une position qui lui permît de garder auprès de lui tous ses enfants, et d'exercer sur eux une vigilance chrétienne et assidue. Avec le sens si droit qui le caractérisait, il ne rêva jamais pour ses fils la vie plus facile des carrières libérales, et s'il les voulait chrétiens, il les voulait aussi fidèles à la profession si honorable de ses ancêtres, et les dignes continuateurs des nobles et précieuses traditions de sa famille.

Aussi, en s'éloignant du foyer paternel n'oublia-t-il aucun des solides principes de probité, de loyauté et d'honneur que lui avaient transmis les auteurs de ses jours. On continua de voir briller chez lui la piété traditionnelle dans sa famille si éminemment patriarcale et chrétienne.

Sa probité et sa charité furent bien vite remarquées, et chacun savait qu'il se serait fait un scrupule de certaines manœuvres que nombre de marchands appellent de l'habileté.

« Tromper son prochain, disait-il, mais c'est ne pas l'aimer, ni aimer le bon Dieu ! Ne craignons pas d'en faire trop pour les intérêts du prochain : le bon Dieu nous rend bien ce que nous faisons aux autres. »

Dieu, en effet, répondit à cette confiance. Nous voudrions ici raconter tous les succès de M. Dufresne, contentons-nous de citer ce passage du *Journal de l'Orne*, 26 septembre 1867, donnant les résultats d'un concours à Ecouché :

« Primes d'honneur aux exploitations. Grandes exploitations, composées, contenant au moins 20 hectares, les mieux tenues sous tous les rapports dans le canton d'Ecouché.

« 1re prime. — Médaille de vermeil, décernée à M. Pierre Dufresne. »

« Neuf exploitations sont mises sur les rangs pour disputer les primes d'honneur du canton d'Ecouché. La Commission, chargée de les décerner, en a trouvé plusieurs qui se recommandaient par leur mérite. Une surtout s'est tellement élevée, de prime-abord, au-dessus de ses rivales par sa supériorité incontestable, que la Commission a été unanime à lui décerner la première prime : c'est l'exploitation dirigée par M. Pierre Dufresne, à Montgaroult.

« Lorsque M. Dufresne loua la ferme du Ménil, en 1850, il la trouva dans le plus déplorable état, dépourvue d'engrais et ne donnant plus que des récoltes détestables. Il comprit que la première chose qu'il avait à faire était de la remonter d'engrais. Il demanda à son maître l'autorisation de faire curer, à ses frais, une pièce d'eau qui se trouvait devant la maison de maître, pour en mélanger la curure avec de la chaux ; il acheta, en outre, pour 1,500 francs d'engrais et substitua partout le labour en planches au labour en sillons.

« Malgré ces sacrifices, le succès ne répondit pas à ses espérances pendant les deux premières années. Sans se laisser décourager, il continua ses achats d'engrais, restreignit ses soles de céréales, et remplaça ses jachères mortes par des prairies artificielles, des racines et autres plantes fourragères. C'est là que l'attendait le succès ; en augmentant la masse de nourriture pour son bétail, il augmenta ses engrais, ses récoltes devinrent chaque année plus abondantes ; maintenant les granges sont toujours trop petites, et les meules de grains qu'il est obligé de faire prouvent que le succès a couronné ses efforts. On peut dire aujourd'hui que la ferme du Ménil est en aussi bon état qu'elle était en mauvais état lorsque M. Dufresne l'a prise. »

Ainsi M. Dufresne est arrivé au premier rang des cultivateurs. Son influence en même temps va s'accroître ; il la mettra au service de sa foi. Les Commissions pour le grand Concours décidèrent que les épreuves de labour et tout ce qui regarde le gros travail n'auraient pas lieu le dimanche. M. Dufresne ne fut pas étranger à cette excellente mesure.

« Passionnément dévoué à sa profession, M. Dufresne apportait au Comice agricole d'Argentan, dont il était un des membres les plus éclairés, les fruits de sa haute compétence. Quand la loi du 21 Mars 1884 concéda aux agriculteurs le droit d'association, il fut un des promoteurs de la fondation d'un syndicat agricole dans le canton.

« L'agriculteur progressiste était doublé d'un fervent chrétien ; aussi M. Dufresne mettait-il le service de Dieu au-dessus de tout ; il y puisait la force, l'énergie qu'il a déployées dans les circonstances difficiles de la vie ; là aussi il prenait cette modestie si peu connue de nos jours.

« Il y a quelques mois, comme on le félicitait de la brillante situation qu'il transmettait à ses enfants, il répondit : « Dieu m'a accordé d'élever chrétiennement mes enfants. »

« Cette parole humble et modeste prouve le but vers lequel tendaient tous les actes de cet homme de bien. »

Si donc la carrière agricole de M. Dufresne et les utiles et féconds enseignements qui en résultent pour le pays tout entier ont conduit cet homme de bien à l'honneur et à la fortune, on doit voir dans ce résultat une nouvelle preuve de la réalisation toujours certaine des promesses divines ; car, avant tout, il avait recherché le royaume de Dieu et sa justice, et le reste devait lui être donné par surcroît. Ses enfants le reconnaissent : « Si notre père a réussi, disent-ils, c'est qu'il savait prier. »

Quand il fut question, vers 1864, de louer la grande ferme de l'Abbaye, aujourd'hui sa propriété, il commença par consulter Dieu et solliciter son secours dans la sainte communion. Ce qu'il fit toujours lorsqu'il eut une affaire importante à traiter.

Accomplir en tout les desseins de Dieu sur lui, se conformer absolument à sa sainte volonté, et en adorer toutes les manifestations, tel fut l'objectif de toute sa vie ; et sous ce rapport on peut affirmer qu'il avait atteint, à un très haut degré, la perfection évangélique.

Combien de fois n'avons-nous pas vu ce grand chrétien, quand les plus lourdes croix s'imposaient à ses épaules, soit qu'il vît s'anéantir ses espérances de fortune, soit qu'il fût frappé dans ses affections les plus chères, élever vers le ciel son franc et loyal regard, un moment obscurci par les larmes qui montaient à ses yeux de son cœur brisé, et, sans que la plus petite plainte, le plus léger murmure s'échappassent de ses lèvres, formuler intérieurement cette sublime prière : « Mon Dieu ! ces biens, ces enfants vous me les aviez donnés, vous me les enlevez, que votre volonté soit faite et que votre nom soit béni ! »

Parmi les quinze enfants qu'il reçut de Dieu, on remarquait une charmante jeune fille, douce et pieuse comme un ange. Dieu seul voulut la posséder. Comme un autre Abraham, M. Dufresne la conduisit sur la montagne sainte que Dieu lui avait indiquée.

Pendant qu'elle faisait avec ferveur son noviciat à la Providence de Séez, elle fut ravie à la terre. Quand la nouvelle en fut donnée aux parents, ils ne s'en troublèrent point. « A voir leur maintien et leur courage chrétien, en même temps que leur résignation, dit une amie de la famille et témoin du fait, il semblait qu'ils eussent déjà contemplé leur enfant heureuse au sein de Dieu. »

Voici qu'elle fut leur réponse : « Nous voulions la donner au bon Dieu, il la prend plus vite qu'on espérait ; il est *le maître*, lui, que sa volonté soit faite. »

M. et Mme Dufresne étaient ainsi parfaitement convaincus que leurs enfants appartenaient plus à Dieu qu'à eux-mêmes.

L'un d'eux disait dernièrement, en parlant lui-même de ses propres enfants : « J'aimerais mieux les voir mourir ayant pour elles la probité, la vertu et l'âme pure, que de les voir riches, instruites et répréhensibles dans leur foi. »

Ces sentiments, il les tenait de ses parents, car sa mère, aussi bien que son père, cherchaient à imiter Blanche de Castille.

Un jour, un de ses fils devait se trouver dans une société peu soucieuse de l'observation des lois de l'Eglise. C'était un vendredi.

Le soir, quand le jeune homme fut de retour, sa mère n'eut pas de question plus pressante à lui poser que celle-ci : « Ah ! mon fils, as-tu mangé de la viande, car ce serait un péché mortel. »

Cette bonne mère se croyait pourtant bien peu de chose aux yeux de Dieu, et elle ne cessait de demander des prières aux personnes religieuses qu'elle rencontrait. C'est ainsi qu'un jour elle disait à un jeune abbé : « Priez bien le bon Dieu pour nous, et surtout pour moi : *on est si mauvais !* »

L'humilité seule pouvait la faire parler de la sorte ; sa conduite montre assez combien elle aimait et honorait Dieu, et combien elle eût voulu le voir aimé et adoré par tous les hommes comme par son cher mari.

Un jour, on lui parlait d'un bon propriétaire d'Ecouché, mais qui négligeait ses Pâques ; Mme Dufresne ne peut se taire et s'écrie : « Ah ! *si sa femme le voulait*, elle le gagnerait bientôt. C'est pourtant une bonne femme, bien sûr ; mais ce n'est pas assez *de vers le bon Dieu.* »

C'est ainsi qu'elle comprenait ses devoirs d'épouse et de mère chrétienne.

Personne, jamais, n'eut à se plaindre de cette famille. Peut-être eurent-ils des droits à défendre ; mais les contestations, Dieu aidant, augmentèrent plus tard l'amitié de ceux qu'ils avaient dû contrarier.

Cependant un moissonneur, un jour, revenait de l'Abbaye tout en colère ; il entra dans la boutique d'un menuisier d'Ecouché. Il voulait faire réparer, disait-il, son javelier. Alors il ne manqua pas d'exhaler sa bile contre les dévots qui venaient de le congédier. — « Mon ami, lui répliqua le menuisier, votre langage me surprend beaucoup ; il y a 25 ans que cette famille est au pays, elle emploie quantité d'ouvriers, surtout au temps de la moisson ; je vois beaucoup de ces ouvriers à mon atelier, et vous êtes le premier à faire des reproches contre cette excellente famille. »

M. Dufresne, en effet, chrétien fervent, connaissait trop bien cette parole de saint Paul : « Aimez votre serviteur comme votre enfant. »

D'ailleurs M. Dufresne avait dû la méditer dans ses longues et pieuses oraisons. Il priait beaucoup à la maison, dans ses champs, au milieu de ses occupations. Que d'heures d'adoration n'a-t-il point passées au pied du tabernacle en l'église d'Ecouché et en celle de Montgaroult ! Tantôt le matin, tantôt le soir, quand il le pouvait, son bonheur était de prier au pied du Tabernacle.

Peu de temps avant sa mort, M. le curé le trouvait un matin au milieu de la neige fondue, sous l'eau, à la porte de l'église encore fermée. Il ne manquait jamais de communier aux fêtes de la sainte Vierge et le premier vendredi de chaque mois. Ce jour-là était entièrement consacré au recueillement. Il faisait sa retraite du mois. Cette dernière pratique lui avait été suggérée à la retraite des laïques au Grand Séminaire de Séez.

Qu'il était beau de le voir chaque soir, au milieu de ses enfants et domestiques qu'il aimait tous comme sa famille, à genoux, faire la prière en commun ! Et quand arrivait le mois de Marie quel n'était pas son empressement pour assister à la petite réunion faite à la ferme ou à l'église, quand le temps le permettait. Il n'est pas étonnant après cela que M. Pierre Dufresne ait eu une profonde horreur du blasphème et qu'il n'ait jamais permis aucun travail chez lui le saint jour du dimanche.

La vie de cet homme, dont la supériorité n'était égalée que par son admirable simplicité et son inaltérable modestie, peut être résumée dans ces trois mots qui constituent la devise du véritable chrétien : *Credo, spero et expecto* : Je crois, j'espère et j'attends. — Oui, Pierre Dufresne croyait, et tous ses actes étaient conformes à sa croyance, c'est pourquoi il espérait que Dieu lui tiendrait compte de sa bonne volonté, et il aspirait à la récompense.

Une vie si bien remplie devait être en effet couronnée par une belle mort. Depuis quelques années, retiré des affaires, M. Dufresne ne s'occupait plus que du service de Dieu ; mais dans sa retraite deux cruelles épreuves lui étaient encore réservées : la perte de la digne et vaillante compagne de sa vie, et peu après celle d'une fille chérie. — Dès lors il n'eut plus de pensée que pour la mort. Loin de la craindre il la désirait ; il la vit venir à lui avec cette admirable sérénité dont il ne s'était jamais départi, et le 24 avril, dans sa 78me année, plein de jours et de mérites pour le ciel, il s'endormait doucement dans le sein de Celui qu'il avait si fidèlement servi, en murmurant cette dernière et suprême invocation, résumé de toute sa vie : « J'ai espéré en vous, ô mon Dieu ; je ne serai point confondu. »

Modeste cultivateur, il est parvenu à la fortune, il a élevé une nombreuse famille, il laisse un nom vénéré.

Ce fut un grand chrétien. Voilà tout le secret de ses succès.

E. BIGEON,
Vicaire à Ecouché.

PIÈCES JUSTIFICATIVES

I.

L'Almanach de l'Orne (1890).

« Pierre Dufresne était né à Saires-la-Verrerie, canton de Messei, au commencement du siècle, dans une famille honnête et craignant Dieu. Père d'une nombreuse famille, il transmit à ses enfants les principes qu'il avait reçus de ses parents. — Suffisamment lettré, homme de foi et de pratique, confiant dans la Providence, mais attentif à labourer en temps et en saison, metteur en œuvre intelligent de ses forces personnelles et des forces collectives de sa famille, il laissa, en 1850, aux soins paternels son patrimoine trop restreint pour suffire à la vie commune et prit la ferme de l'Abbaye de Montgaroult, dans la commune du même nom, à la porte d'Ecouché.....

« Pierre Dufresne était un saint. On prétend qu'il n'a jamais juré. Ses chevaux lui obéissaient tout de même. On dit qu'il n'a jamais travaillé un jour férié ; il a été loyal marchand ; il a longuement prié et beaucoup donné, *ce qui ne l'a pas empêché de faire fortune.* »

II.

Discours de M. Marigues de Champrepus.

MESSIEURS,

« Vous honoriez et respectiez tous celui que nous conduisons aujourd'hui à sa dernière demeure, mais puisque le malheur qui frappe sa famille coïncide avec un de mes séjours au pays, je considère que ma présence à cette cérémonie ne suffit pas et qu'il me reste un devoir à remplir, celui de prononcer ici, au nom de tous, quelques mots d'adieu.

« C'est que l'homme qui vient de disparaître n'a pas été un homme ordinaire. Son point de départ fut des plus modestes. Simple fermier d'abord, son esprit ouvert sut découvrir et appliquer de nouvelles méthodes de culture. Il sentit que la vieille routine, en paralysant le progrès, avait jusque-là frappé de stérilité tous les efforts des agriculteurs, et il marcha en avant. Bientôt le succès couronna ses efforts, et de fermier il devint propriétaire de son exploitation. Mais ce fut pour faire progresser encore le grand art de tirer parti de la terre. Bientôt il fut cité partout comme un modèle. Sa réputation se répandait au loin. Son nom brillait au premier rang dans les comices et les concours, qui lui prodiguaient à la fois les récompenses et les encouragements. En un mot, sa vie fut le triomphe du travail joint à l'intelligence.

« Ce ne fut pas là son seul mérite. Il éleva ses fils à son image, et ceux-ci perpétuent les progrès paternels, comme ils continuent son honorabilité. Cependant ne croyez pas que M. Dufresne ne connut jamais que le bonheur et le succès. Père d'une nombreuse famille, la mort vint souvent frapper à sa porte. Il se remettait chaque fois plus assidûment encore au travail, et quand il lui arriva de perdre la compagne de son foyer, la mère de ses enfants, il supporta en chrétien ce dernier deuil. Mais on peut dire qu'alors sa tâche était terminée. Tâche admirable, si l'on songe à ses conséquences qui sont les conséquences de l'exemple. On peut dire, en effet, que si la culture a progressé dans notre contrée, c'est à l'imitation de M. Dufresne. C'est assurément par ses conseils qu'il ne ménageait pas, mais surtout par ses actes, que telle méthode s'est propagée. Car, en pareille matière, les actes, les résultats sont tout. Ce sont les meilleurs et les véritables enseignements.

« Que cette vie si honorable, qu'une parole plus autorisée que la mienne retracera un jour, que cette vie si remplie nous serve à nous-mêmes d'enseignement, messieurs. Honorons de telles existences. Parlons souvent de cet homme de bien qui vient de nous quitter, afin qu'il serve d'exemple longtemps encore après sa mort. C'est la meilleure manière de lui rendre hommage. »

III.

Le Petit Normand.

Le samedi 27 avril avaient lieu, en l'église de Montgaroult, les obsèques de M. Pierre Dufresne, décédé à l'âge de 78 ans, en son domaine de l'Abbaye.

Le deuil était conduit par ses trois fils, MM. Jacques, Auguste et Pierre Dufresne.

Une assistance considérable, composée surtout d'agriculteurs, témoignait, par son attitude recueillie, en quelle estime était tenu le défunt.

Au cimetière, M. Marigues de Champrepus, conseiller général, qui représente depuis vingt-deux ans le canton d'Ecouché, a retracé la vie laborieuse de M. Dufresne, la direction vers le progrès qu'il a donnée à son exploitation, les sages avis qu'il a prodigués à ceux qui le venaient consulter.

Passionnément dévoué à sa profession, M. Dufresne apportait au Comice agricole d'Argentan, dont il était un des membres les plus éclairés, les fruits de sa haute compétence. Quand la loi du 21 mars 1884 concéda aux agriculteurs le droit d'association, il fut un des promoteurs de la fondation d'un syndicat agricole dans le canton. L'agriculteur progressiste était doublé d'un fervent chrétien ; aussi M. Dufresne mettait-il le service de Dieu au dessus de tout : il y puisait la force, l'énergie qu'il a déployées dans les circonstances difficiles de la vie ; là aussi il prenait cette modestie si peu connue de nos jours.

Il y a quelques mois, comme on le félicitait de la brillante situation qu'il transmettait à ses enfants, il répondit : « Dieu m'a accordé d'élever chrétiennement mes enfants. »

Cette réponse, qui paraît normande, n'est tout simplement que modeste, et prouve le but vers lequel tendaient tous les actes de cet homme de bien. Sa mort cause un grand deuil dans sa très nombreuse famille, mais aussi elle y jette un rayon de joie, d'orgueil bien légitime, car la vie de ce chef vénéré, qui a su réaliser le type du cultivateur chrétien, doit nous servir à tous de modèle.

DE SERANS.

IV.

La Semaine Catholique.

Le 27 avril dernier une cérémonie funèbre réunissait dans l'église de Montgaroult une des plus nombreuses assistances qu'il nous ait été donné depuis bien longtemps de contempler dans notre canton d'Ecouché. Et pourtant celui qui venait de disparaître de la scène du monde, et dont les funérailles attiraient un si grand concours, ne se recommandait à la considération publique, ni par le prestige d'un grand nom, ni par l'éclat d'une illustration militaire ou politique ; c'était un modeste cultivateur, mais, en même temps un de ces hommes, si rares aujourd'hui, dont la vie, complètement irréprochable et tout entière consacrée au travail et à la pratique des plus simples mais aussi des plus éminentes vertus, a toujours eu le privilège de conquérir l'estime, le respect et la vénération de tous. M. Dufresne était en effet plus qu'un intelligent et habile agriculteur, c'était un grand et noble cœur ; c'était surtout, et avant tout, un admirable chrétien dans l'acception la plus complète et la plus absolue du mot.

Issu d'une famille de simples paysans qui, pendant cent cinquante ans, s'étaient, de pères en fils, succédés, comme fermiers, au service d'une noble famille, au grand honneur des maîtres et des fermiers, Pierre Dufresne n'avait quitté, il y a une quarantaine d'années, la commune de Saires-la-Verrerie et la ferme qui l'avait vu naître pour se fixer dans la commune de Montgaroult, que par suite de l'aliénation des biens de la famille qu'avaient si longtemps servie les siens. Mais, en s'éloignant du foyer paternel, il ne devait pas oublier les solides principes de probité, de loyauté et d'honneur que lui avaient transmis les auteurs de ses jours, et surtout la piété traditionnelle dans sa famille si éminemment patriarchale et chrétienne. Déjà il avait associé à son existence la pieuse et courageuse compagne qui devait le soutenir et l'aider dans les luttes de la vie, et la naissance de nombreux enfants attestait que cette union, si bien assortie, avait reçu la sanction de la bénédiction divine. Aussi avec quel soin ces deux dignes époux s'efforçaient-il de développer dans ces jeunes cœurs l'amour de Dieu qui les possédait, et de leur inspirer, non seulement par leurs leçons, mais plus encore, s'il est possible, par leurs pieux exemples, la pratique de toutes les vertus chrétiennes ! Avec le sens si droit qui le caractérisait, M. Dufresne ne rêva jamais pour ses fils la vie plus facile des carrières libérales, et, s'il les voulait chrétiens, il les voulait aussi fidèles à la profession si honorable de ces ancêtres, et les dignes continuateurs des nobles et précieuses traditions de sa famille

Le cadre de cette notice ne nous permet pas d'esquisser ici la carrière agricole de M. Dufresne, et les utiles et féconds enseignements qui en résultent pour le pays tout entier ; nous nous contenterons de faire remarquer que, si elle a conduit cet homme de bien à l'honneur et à la fortune, on doit voir dans ce résultat une nouvelle preuve de la réalisation toujours certaine des promesses divines : car, avant tout, il avait recherché le royaume de Dieu et sa justice, et le reste devait lui être donné par surcroît. Accomplir en tout les desseins de Dieu sur lui, se conformer absolument à sa sainte volonté, et en adorer toutes les manifestations, quelles qu'elles fussent, tel fut l'objectif de toute sa vie ; et, sous ce rapport, on peut affirmer qu'il avait atteint, dans un très haut degré, la perfection évangélique.

Combien de fois n'avons-nous pas vu ce grand chrétien, quand les plus lourdes croix s'imposaient à ses fortes épaules, soit qu'il vit anéantir ses espérances de fortune, soit qu'il fut frappé dans ses affections les plus chères, élever vers le ciel son franc et loyal regard un moment obscurci par les larmes qui montaient à ses yeux de son cœur brisé, et, sans que la plus petite plainte, le plus léger murmure s'échappassent de ses lèvres, formuler intérieurement cette sublime prière : « Mon Dieu ! ces biens, ces enfants vous me les aviez donnés, « vous me les enlevez ; que votre volonté soit faite et que votre saint nom soit « béni ! »

Et maintenant que pourrions-nous ajouter de plus pour la glorification de cette mémoire si digne de tous les respects ? Est-il besoin de rappeler la probité à toute épreuve de M. Dufresne, sa loyauté si complète, son dévouement si absolu au culte du vrai, du beau et du bon ? Est-il nécessaire d'énumérer les précieuses qualités de l'esprit et du cœur qui lui faisaient des amis de tous ceux qui avaient le bonheur de l'approcher et qui leur rendaient son commerce si agréable et si sûr ? La vie de cet homme, dont la supériorité n'était égalée que par son admirable simplicité et son inaltérable modestie, peut être résumée dans ces trois mots qui constituent la devise du véritable chrétien : *Credo, spero et expecto* : Je crois, j'espère et j'attends. Oui, Pierre Dufresne croyait, et tous ses actes étaient conformes à sa croyance ; c'est pourquoi il espérait que Dieu lui tiendrait compte de sa bonne volonté, et il aspirait à la récompense. Une vie si bien remplie devait en effet être couronnée par une belle mort. Depuis quelques années, retiré des affaires, M. Dufresne ne s'occupait plus que du service de Dieu ; mais dans sa retraite deux cruelles épreuves lui étaient encore réservées : la perte de la digne et vaillante compagne de sa vie, et, peu après, celle d'une fille chérie. Dès lors il n'eut plus de pensées que pour la mort que, loin de craindre, il désirait ; il la vit venir à lui avec cette admirable sérénité dont il ne s'était jamais départi, et le 24 avril, dans sa 78me année, plein de jours et de mérites pour le ciel, il s'endormait doucement dans le sein de Celui qu'il avait si fidèlement servi, en murmurant cette dernière et suprême invocation, résumé de toute sa vie : « *J'ai espéré en vous, ô mon Dieu : je ne serai point confondu.* »

Une si noble existence était bien digne de la haute considération dont était entouré le nom de M. Dufresne, et on nous pardonnera, à nous qu'il honorait du titre d'ami, de n'avoir pu résister à l'impérieux besoin de payer à la mémoire de cet homme de bien le modeste tribut de l'affection, du respect et de l'admiration qu'il avait su nous inspirer.

DE MESENGE DE BEAUREPAIRE.

V.

Journal d'Alençon.

« M. Pierre Dufresne qui, le 24 avril dernier, s'endormait dans le Seigneur, était une de ces figures patriarchales que l'on rencontre bien rarement dans notre siècle, un de ces hommes pleins de foi que Dieu, dans sa bonté, accorde à la terre pour être un modèle de vie chrétienne.

« Il naquit à Saires-la-Verrerie, au commencement de ce siècle. Ses parents, honnêtes chrétiens, étaient sortis de la persécution religieuse avec une foi plus grande et plus forte. Ils élevèrent leurs enfants comme on savait alors les élever, leur enseignant non-seulement à lire, à écrire, à compter, mais surtout à prier, à respecter le prêtre, à aimer le prochain, l'Eglise et Dieu. Une telle éducation, M. Pierre Dufresne l'a donnée lui-même aux nombreux enfants qu'il a reçus de Dieu avec joie et tous la conservent avec bonheur.

« En 1850, M. Pierre Dufresne quitta son pays natal et vint s'établir, simple fermier, dans la plaine d'Ecouché. S'il résista aux pressantes sollicitations de son père qui, craignant pour sa foi, voulait le retenir auprès de lui, ce ne fut que pour se créer une position qui lui permit de garder tous ses enfants et d'exercer sur eux une vigilance chrétienne et assidue. Le courage de M. Dufresne ne se démentit pas un seul instant et on le vit toujours à l'œuvre plein de gaieté, humble et confiant en Dieu. Ici rappelons quelques passages du discours que M. Marigues de Champrepus prononça sur la tombe du défunt : « Il n'a pas été un homme ordinaire ; son point de départ fut modeste. Simple fermier d'abord, son esprit ouvert sut découvrir et appliquer de nouvelles méthodes de culture, il marcha en avant. Bientôt le succès couronna ses efforts, et de fermier il devint propriétaire ; il fut cité partout comme un modèle. Sa réputation se répandait au loin. Son nom brillait au premier rang dans les comices agricoles, qui lui prodiguaient à la fois les récompenses et les encouragements. En un mot, sa vie fut le triomphe du travail joint à l'intelligence... Ce ne fut pas là son seul mérite. Il éleva ses fils à son image et ceux-ci perpétuent les progrès paternels, comme ils continuent son honorabilité. On peut dire que si la culture a progressé dans la contrée, c'est à l'imitation de M. Dufresne. C'est assurément par ses conseils, qu'il ne ménageait pas, mais surtout par ses actes, que cette méthode s'est propagée. »

Après avoir loué le courage de M. Dufresne dans les épreuves, M. Marigues engagea toute l'assistance à marcher sur les traces de cet homme de bien.

« Mais n'oublions pas l'œuvre de la Providence : « Si notre père a réussi, disent ses enfants, c'est qu'il savait prier. » — Quand il fut question, vers 1864, de louer la grande ferme de l'Abbaye, aujourd'hui sa propriété, il commença par consulter Dieu et solliciter son secours dans la sainte communion. Ce qu'il fit toujours lorsqu'il eut une affaire tant soit peu importante à traiter.

« Que d'heures d'adoration n'a-t-il pas passées au pied du tabernacle en l'église d'Ecouché et en celle de Montgaroult ! Le matin, le soir, quand il le pouvait, son bonheur était d'habiter la maison du Seigneur. Il n'y a pas encore si longtemps que M. le curé le trouvait au milieu de la neige, sous l'eau, à la porte de l'église fermée : il venait prier Marie, car il avait le bonheur de communier à chacune de ses fêtes et aussi le premier vendredi du mois. Il avait la pieuse habitude de faire sa retraite mensuelle en ce jour, fruit de la retraite des hommes à laquelle il voulut assister plusieurs fois au Grand Séminaire de Séez.

« Qu'il était beau de le voir chaque soir, au milieu de ses enfants et domestiques, qu'il aimait tous comme sa famille, à genoux, faire la prière en commun ! Et quand arrivait le mois de Marie, quel n'était pas son empressement pour assister à la petite réunion faite à la ferme ou à l'église, quand le temps le permettait. Il n'est pas étonnant après cela que M. Pierre Dufresne n'ait jamais prononcé seulement le nom de sacré, tant était grande son horreur du blasphème, et qu'il n'ait jamais permis aucun travail chez lui le saint jour du dimanche.

« C'était encore un homme ami des œuvres pieuses. Combien n'a-t-il pas donné aux pauvres, aux œuvres de la Sainte-Enfance, de la Propagation de la Foi, de Saint-François de Sales, aux Ecoles libres, etc. Et si, dernièrement encore, la paroisse de Montgaroult a eu le privilège d'une belle Mission, prêchée avec tant de zèle par le R. P. Guibé, si elle a eu le bonheur de se consacrer à la Sainte

Vierge le dimanche des Rameaux et de faire amende honorable au Saint-Sacrement le Jeudi Saint, n'est-ce pas à M. Dufresne qu'elle doit un chaleureux merci ?

« Voilà cet homme de bien, ce père de quinze enfants qui n'a pas craint de passer pour dévot et d'attirer à Dieu tous ceux qui l'approchaient.

« Est-il mort misérable ? — Il laisse une immense fortune... Est-il méprisé ? — Sa mémoire est en vénération, et jamais l'église de Montgaroult n'a vu une foule plus grande se presser autour des restes d'un défunt.

« Et tout le monde dans la contrée de dire : « Oh ! que cette homme était bon ! »

E. B.

VI.

Primes d'Honneur aux Exploitations.

Grandes exploitations, composées, contenant au moins 20 hectares, les mieux tenues, sous tous les rapports, dans le canton d'Ecouché.

1re PRIME. — Médaille de vermeil, grand module, offerte par M. le baron de Mackau, député, et 500 fr, offerts par M. le duc d'Audiffret-Pasquier, décernée à M. Pierre Dufresne, fermier de M. de Mésenge, au Ménil-de-Montgaroult, et de M. Roger-Valentin, à l'Abbaye-de-Montgaroult.

Neuf exploitations se sont mises sur les rangs pour disputer les primes d'honneur du canton d'Ecouché. La Commission, chargée de les décerner, en a trouvé plusieurs qui se recommandaient par leur mérite. Une surtout s'est tellement élevée, de prime-abord, au-dessus de ses rivales, par sa supériorité incontestable, que la Commission a été unanime à lui décerner la première prime : c'est l'exploitation dirigée par M. Pierre Dufresne, à Montgaroult.

Cette exploitation comprend deux fermes : la ferme du Ménil-de-Montgaroult, contenant 59 hectares, dont 7 hectares en herbes et 52 hectares en terres de labour, et la ferme de l'Abbaye, contenant 155 hectares, dont 21 hectares en prés et pâtures, 12 hectares en bruyères et 122 hectares en terres de labour. C'est donc un ensemble de 214 hectares qu'embrasse l'exploitation de M. Dufresne.

Lorsque M. Dufresne loua la ferme du Ménil, en 1850, il la trouva dans le plus déplorable état, dépourvue d'engrais et ne donnant plus que des récoltes détestables. Il comprit que la première chose qu'il avait à faire était de la remonter d'engrais. Il demanda à son maître l'autorisation de faire curer à ses frais une pièce d'eau qui se trouvait devant la maison de maître, pour en mélanger la curure avec de la chaux, et il acheta en outre pour 1,500 fr. d'engrais et substitua partout le labour en planches au labour en sillons.

Malgré ces sacrifices, le succès ne répondit pas à ses espérances pendant les deux premières années. Sans se laisser décourager, il continua ses achats d'engrais, restreignit ses soles de céréales et remplaça ses jachères mortes par des prairies artificielles, des racines et autres plantes fourragères. C'est là que l'attendait le succès ; en augmentant la masse de nourriture pour son bétail, il augmenta ses engrais, ses récoltes devinrent chaque année plus abondantes ; maintenant les granges sont toujours trop petites, et les meules de grains qu'il est obligé de faire prouvent que le succès a couronné ses efforts. On peut dire aujourd'hui que la ferme du Ménil est aussi en bon état qu'elle était en mauvais état lorsque M. Dufresne l'a prise.

Mais là encore ne se sont pas bornées les améliorations faites sur cette ferme : il a comblé, à ses frais, une vieille mare à fumier, où le fumier rouissait et perdait ses qualités fertilisantes ; il l'a remplacée par une plate-forme entourée de bourrelets en terre pour empêcher la déperdition des purins qui sont envoyés, au moyen d'un caniveau, dans un herbage en contre-bas de la cour, et cet herbage, qui ne produisait autrefois que de mauvaises herbes dont les bestiaux ne voulaient pas, est aujourd'hui d'excellente qualité.

M. Dufresne ne cultive la ferme de l'Abbaye que depuis 3 ans, et elle a déjà bien changé d'aspect. Pour faire connaître ce qu'il y a fait, il faudrait répéter ce que nous avons dit de la ferme du Ménil. Nous ne signalerons donc que quelques faits particuliers à cette ferme. Il a commencé par niveler la cour, combler la mare à fumier et en disposer une nouvelle comme au Ménil ; il a fait environ 400 mètres de chemins pour faciliter l'exploitation ; il a couché en herbage permanent trois hectares de terres de labour ; il a défriché les 12 hectares de bruyères qui existaient sur la ferme et qui, au moment de la visite de la Commission, présentaient sur toute leur surface des récoltes d'une luxuriante végétation. Toutes ces améliorations ont été faites par M. Dufresne à ses frais ; et en outre les fumiers produits sur la ferme, il a déjà acheté pour 15,000 fr. au moins d'engrais ; il a acquis aussi deux machines à battre : l'une fixe, au Ménil, l'autre, locomobile, à l'Abbaye.

Voilà le résumé des améliorations faites par M. Dufresne sur ses deux exploitations ; voilà ce qui lui a valu, à l'unanimité, la première prime d'honneur.

Lorsque M. le duc Pasquier, qu'on est toujours sûr de trouver lorsqu'il y a des encouragements à donner à l'agriculture, a institué sa prime d'honneur pour les exploitations, son but a surtout été de récompenser les efforts, le travail et l'intelligence des cultivateurs. Nous sommes heureux de pouvoir lui dire, aujourd'hui, que jamais sa prime d'honneur n'a été mieux placée, et qu'elle est décernée à une exploitation que nous pouvons signaler pour modèle à tous les cultivateurs du canton d'Ecouché.

M. Dufresne a franchi aujourd'hui le premier échelon des honneurs agricoles ; qu'il ne se repose pas sur ses lauriers, il lui en reste d'autres à cueillir ; qu'il se porte hardiment pour la grande prime d'honneur, lorsque le Concours régional reviendra dans l'Orne. Si le succès ne répond pas aux espérances qu'il peut légitimement concevoir, il aura, du moins, bien mérité de la cause agricole.

(Journal de l'Orne, 26 Septembre 1867).

www.ingramcontent.com/pod-product-compliance
Lightning Source LLC
Chambersburg PA
CBHW060449050426
42451CB00014B/3240